AF248491

LETTRES

HISTORIQUES

SUR

LA RÉVOLUTION DE LYON,

OU

UNE SEMAINE DE 1830;

PAR LE DOCTEUR **TROLLIET**,

EX-DOYEN DES MÉDECINS DE L'HÔTEL-DIEU, PRÉSIDENT DE LA
COMMISSION PROVISOIRE PENDANT LES TROIS PREMIERS JOURS.

A LYON,

CHEZ TARGE, LIBRAIRE, RUE LAFONT.

1830.

LETTRES

HISTORIQUES

SUR

LA RÉVOLUTION DE LYON,

OU

UNE SEMAINE DE 1830.

PREMIÈRE LETTRE.

On demandera sans doute comment s'est opérée notre Révolution en si peu de jours, sans désordre et sans effusion de sang, dans une cité si populeuse, renfermant tant d'élémens de division, et gouvernée par des hommes dévoués à la cause du ministère Polignac.

Si rien n'était consigné dans nos annales, les faits seraient probablement travestis. Qui sait sous quelles couleurs les passions les présenteraient? et

déjà, que quelques personnes comparent leurs discours à leur langage passé et à leurs actions, et
qu'elles se jugent.

Nous allons tracer l'histoire d'une semaine.

On a raison de dire que nous avons fait de
grands progrès d'ans l'art d'opérer les révolutions.
Tout grand changement qui a lieu dans l'ordre
politique, comme dans l'ordre physique, est une
révolution; et selon leurs résultats, les révolutions
ont été heureuses ou malheureuses : l'Histoire nous
en offre de nombreux exemples.

Celle qui vient de s'opérer, ne sera pas l'une des
moins étonnantes. Elle avait pour but le rétablis-
sement de l'ordre légal et des droits de tous, mé-
connus par une minorité peu éclairée sur la marche
du siècle et les besoins sociaux.

Ce but a été atteint sans effusion de sang, sans
qu'une seule arrestation ait été faite. Ainsi, de nos
jours, les révolutionnaires sont des hommes d'ordre et de paix, qui luttent contre l'arbitraire ordi-
nairement lié au régime des ordonnances, et contre
tous les genres de despotisme, avec autant de géné-
rosité que de courage.

Notre cité était révolutionnaire dans ce sens,
lorsqu'en 1793 elle combattit contre l'anarchie,
et lorsque, réduite à ses propres forces, elle suc-
comba et fut si cruellement décimée.

C'est après avoir subi pendant de longues années

le joug glorieux de l'Empire, et celui de la restauration de plus d'un privilége, qu'elle vient aussi de reconquérir sa liberté.

L'espérance qu'elle avait osé concevoir était près de s'évanouir, lorsque le vétéran de la liberté vint la ranimer. Le général Lafayette fut accueilli aux acclamations d'une population entière. Toutefois, il ne s'y méprit point. Il vit bien que dans les souvenirs de sa gloire passée, on cherchait des espérances pour l'avenir, et il se plut à les accroître. Ce n'est pas le moindre trait de courage d'une vie héroïque.

Les Lyonnais se comptèrent encore dans les dernières élections, qui furent toutes constitutionnelles, et où j'eus l'honneur d'être appelé par mes concitoyens à présider les comités électoraux. Ils eurent le sentiment de leur force ; sentiment sympathique qui s'étendait alors sur toute la France.

Aveugles qu'ils étaient, de coupables ministres repoussèrent les vœux de cette France si patiente et si courageuse ; ils préparèrent les fatales Ordonnances, auxquelles tous les amis de l'ordre refusaient de croire.

Méconnaître les droits que tout un peuple venait d'exprimer ; asservir jusqu'à la pensée ; menacer la vie d'un grand nombre : tel était le but de ces Ordonnances ; telle a été aussi la cause de cette série d'événemens qui se sont succédé dans notre ville, et que je vais vous faire connaître.

MERCREDI, 28 JUILLET.

Dans la soirée du 27 juillet, des bruits alarmans commencèrent à circuler dans notre cité, qui, depuis la victoire des élections, avait conservé une attitude calme, et l'espérance d'un plus heureux avenir.

Des coups-d'Etat avaient été annoncés le matin, disait-on, par une dépêche télégraphique ; aucune lettre n'en avait fait mention : tant le secret avait été gardé. Le mercredi 28, ces bruits acquirent plus de consistance. Le *Précurseur* les confirma, en les accompagnant de réflexions aussi justes que courageuses. « Nous ne croyons pas à la mesure annoncée, disait-il, parce que cette mesure est impossible. Il y a plus : quand nous verrions la prétendue Ordonnance royale insérée dans le *Moniteur* et placardée sur nos murs, nous dirions que le *Moniteur* et les placards en imposent, et que foi ne doit pas y être ajoutée. »

Plus bas, il ajoute : « Bulletins, proclamations, affiches, etc., qui contiendraient cette Ordonnance de retrait (de la Charte), ne seraient qu'un papier mort ; le respect même que les Français devraient à la signature royale, leur imposerait le devoir de déclarer qu'elle aurait été, ou surprise ou supposée ; mais, en ne cessant de couvrir de leurs respects le nom inviolable du Souverain , ils attendraient avec confiance le *jour de l'inévitable punition, qui retomberait sur les ministres coupables d'une profanation odieuse.* » Il y avait quelque chose de prophétique dans cet article.

Une vive agitation existait dans tous les esprits. Sur les places, sur les quais, dans les rues ; de toutes parts on se réunissait en groupes ; on s'interrogeait, et on se communiquait son étonnement et ses inquiétudes.

Des électeurs et d'honorables habitans se réunirent aux Brotteaux, dans le café de l'Orient. L'assemblée fut présidée par un électeur constitutionnel, par M. Tissot ; elle fut calme. Des discours sages et énergiques furent prononcés et écoutés en silence. On agita la question de l'utilité d'organiser la Garde-Nationale. On n'arrêta rien, et on s'ajourna au lendemain.

JEUDI , 29 JUILLET.

Le 29, il n'y eut plus de doute : le crime du Ministère était consommé ; les Ordonnances, que l'on avait reçues la veille, furent connues, et on ne les lisait pas sans indignation.

On remarquait quelques visages sereins et silencieux.

La liberté de la presse était détruite ; la Chambre des Députés dissoute ; la loi des élections remplacée par une ordonnance qui n'admettait que des députés de département ; les hommes les plus impopulaires et les plus odieux étaient appelés au Conseil-d'État ; et la Charte , déjà violée , n'était plus qu'un simulacre, un instrument de despotisme.

Les comptoirs, les magasins, étaient abandonnés; les groupes se multipliaient ; des réunions se tinrent dans divers lieux et dans les bureaux du *Précurseur*. La pensée de la veille fut réalisée , et l'organisation de la Garde-Nationale décidée.

« Les alarmes publiques étaient trop bien fondées , avait dit le *Précurseur* du matin. Un Ministère coupable a brisé le palladium du trône : la Charte est violée ; ce que les Cours de justice avaient déclaré une supposition injurieuse envers le Gouvernement , est devenu une réalité.

» Une réalité ! Oui, comme un crime est une réalité. Mais un crime ne détruit aucun droit.

» Qu'y a-t-il donc de changé ? rien ; seulement MM. de Polignac , Chantelauze , Montbel , Peyronnet, d'Haussez, Guernon de Ranville et Capelle, se sont rendus coupables d'une forfaiture dont les suites retomberont terribles sur leurs têtes. »

Ainsi s'exprimait, au jour du danger, notre journal.

Le soir, le bruit d'une dépêche télégraphique circulait dans quelques groupes : on disait que les Parisiens s'étaient rendus maîtres de toute la Capitale, après avoir chassé les troupes hors de la ville ; on le répétait comme un bruit, sans y ajouter foi ; seulement on avait appris que l'on se battait à Paris. Les journaux n'étaient point parvenus ; le *Temps* seul était arrivé dans les bureaux du *Précurseur*.

M. Béranger de la Drôme, et M. Sappey de l'Isère, venaient d'arriver, se rendant à Paris ; ils lisaient ce journal dans le bureau même, lorsque je leur annonçai le bruit de la dépêche télégraphique. M. Sappey refusa d'y croire ; elle était en effet peu probable : dans le doute, M. Béranger se rendit à la Préfecture afin de s'en assurer. Il demanda à parler au Préfet, il était à la campagne ; il demanda le Secrétaire-Général, il était absent : la Préfecture, dans ce moment difficile, était confiée à un garçon de bureau.

Je vis le soir M. de Mornay ; il avait appris après son départ que la Chambre était dissoute ; il se disposait à s'en retourner, lorsqu'on lui fit connaître les Ordonnances relatives à la presse et aux élections ; elles changèrent aussitôt sa résolution : il continua sa route ; fidèle à son devoir, il se rendit à son poste ; je m'empressai de lui apprendre que

MM. Béranger et Sappey étaient arrivés, et attendaient M. Félix Faure, pour partir avec eux et M. Couderc.

VENDREDI , 30 JUILLET.

Dans la nuit du 29 au 30, un commissaire de police se transporta chez M. Brunet, imprimeur du *Précurseur:* il lui remit une notification de l'ordonnance sur la suspension de la liberté de la presse. La copie de l'ordonnance portait au bas, signé *Laverchère*, sans signature réelle. La notification était signée *Séon* et ses agens.

Dans la matinée , nouvelle notification faite à M. Brunet, par le même agent, d'un arrêté de la Mairie , signé *De Verna*, adjoint, portant que l'imprimerie de M. Brunet était mise en surveillance spéciale.

M. Morin , à qui M. Brunet communiqua ces actes, protesta et déclara qu'il en poursuivrait les signataires par-devant les tribunaux. Il annonça que le *Précurseur* paraîtrait tant que sa publication ne serait pas empêchée par force majeure ; et que, dans ce cas, il accepterait l'offre qui lui avait été faite par un grand nombre de jeunes gens, de le faire paraître en manuscrit.

Le journal fut imprimé et distribué comme à l'ordinaire.

L'ordonnance sur la suspension de la liberté de la presse avait été affichée dès les quatre heures du matin, avec une ordonnance de police sur la distribution des imprimés dans la ville, et sur leur lecture dans les cabinets littéraires et les cafés.

La déclaration des journaux de Paris fut insérée dans le *Précurseur,* ainsi que l'autorisation donnée par M. De Belleyme. Il contenait aussi des articles énergiques du *Temps,* du *Globe* et du *National.* On était avide de les lire, parce que la plupart des journaux n'étaient point encore arrivés.

Dans le jour, la population entière se rassemble sur les places, et dans les rues principales. Le soir, des postes nombreux de cavalerie et de troupes de ligne existent dans les lieux où les groupes sont les plus nombreux. Partout on crie *Vive la Garnison! Vive les Soldats français!* Le colonel du 10.ᵉ traverse la rue Puits-Gaillot, seul au milieu d'une foule immense; on crie *Vive la Charte! Vive le Colonel du 10.ᵉ!* Il salue affectueusement, et répond *Vive le Roi! Vive la Charte!*

L'attitude menaçante d'une population entière qui s'ébranlait et se pressait de plus en plus, faisait présager dans notre cité les plus graves événemens. On fermait les magasins, on courait dans les rues, on se précipitait surtout vers l'Hôtel de Ville.

Le bruit de l'arrivée d'un régiment suisse s'était

répandu, et avait contribué à exaspérer les esprits ; le soir , des ordonnances de police et des proclamations signées *De Verna* , adjoint , émanées de la Mairie, sont affichées, et démentent le bruit de l'arrivée d'un régiment étranger

Les citoyens notables continuent à se réunir. Une assemblée nombreuse , présidée par un avocat distingué, par M. Duplan , se tient dans les salles du *Précurseur.* Des discours animés y sont prononcés ; on cherche à concilier une opposition énergique et des mesures d'ordre : on compose une Commission de neuf citoyens des plus considérés , qui se rendent à l'instant à la Préfecture. Ils préviennent le Préfet, qu'au milieu des circonstances graves et extraordinaires qui pèsent sur le pays, les citoyens de Lyon croient pouvoir user du droit naturel de se constituer en Garde-Nationale, pour la garantie de la paix publique. Le Préfet les entend , fait des objections, et les invite à lui présenter , sur ce sujet, une communication écrite.

Le courrier , parti de Paris le 28 , est attendu avec impatience ; il ne contenait qu'un voyageur : il annonce que le peuple de Paris est en possession des barrières ; les armoiries empreintes sur la voiture étaient détruites. Aussitôt , l'agitation s'accroît.

Le *Messager des Chambres* est le seul journal que le courrier ait apporté ; il donne les nouvelles du 27 au soir et de la nuit suivante.

Les attroupemens se multiplient; une partie de la place des Terreaux est dépavée par le peuple.

Le soir, la Garde-Nationale commence à se former sur le quai de Retz.

La Commission s'établit dans la maison Bontoux; je fus appelé à la présider, comme ayant présidé les comités électoraux.

A la nuit, on se sépare, et on ajourne au lendemain les mesures à prendre.

Le 31 juillet fut le jour de la révolution lyonnaise de 1830. Les événemens importans et décisifs qui se succédèrent, seront le sujet d'une seconde lettre.

Tout ce qu'on a débité sur des ordres ou des avis reçus d'un Comité-Directeur, est une fable. Comme Président, je n'aurais pu l'ignorer. Le sens commun et l'esprit national ont été notre seul Comité-Directeur à Lyon comme dans toute la France. Voilà pourquoi il n'a pu être saisi par la police la plus active. S'il en eût existé d'autre, il se serait montré depuis.

DEUXIÈME LETTRE.

SAMEDI , 31 JUILLET.

La journée du 31 juillet est la plus mémorable. D'une part, l'autorité la plus hostile ; aux ordres de laquelle une nombreuse garnison marche. en bataille sur l'Hôtel de Ville et sur plusieurs colonnes;

D'autre part, deux mille hommes de Garde-Nationale, réunis en quelques heures, qui appellent le combat, appuyés par une population immense, prête à s'élancer avec la même ardeur;

Et toute la ville dans l'attente des plus sinistres événemens.

Voici les faits. Les caractères qui ont servi à imprimer le *Précurseur* sont saisis avec violence par la Police. Le journal se distribue quoique mutilé.

Dès que le jour paraît, quelques Gardes-Nationaux se rendent sur le quai de Retz : des jeunes gens, des hommes de toutes les classes, armés de fusils de munition, de fusils de chasse et de sabres, arrivent de tous côtés. Leur nombre s'accroît à chaque instant ; une compagnie s'organise sous les ordres du capitaine Zindel ; immédiatement après, une seconde se forme sous le commandement du capitaine Prévost, tous deux anciens officiers décorés.

A mesure que les Gardes-Nationaux arrivent, la foule, qui s'accroît, applaudit : les cris de *vive la Garde-Nationale* se répètent, et la satisfaction est empreinte sur tous les visages.

Une députation de sept membres de la Commission se rend tour-à-tour chez le Général, à la Préfecture et à l'Hôtel de Ville ; elle est composée de MM. Gilibert, Trolliet, Dépouilly, Dupasquier, Billet aîné, Paul Bontoux et Tissot.

Le Général était à la caserne de la Nouvelle-Douane avec son état-major. Un escadron de cavalerie et des bataillons d'infanterie sont sous les armes devant la caserne et dans les cours.

La députation est introduite : elle instruit le Général, que la Garde-Nationale est organisée dans l'intérêt de la sûreté publique ; elle l'engage à prendre les mesures de paix que réclame la cité dans la crise qui se prépare.

Le soldat ne délibère point, dit le général Paultre de Lamothe : il agit. Si je reçois les ordres de désarmer la Garde-Nationale, je la désarmerai. Non, répond avec énergie l'un des membres de la Commission ; elle est plus forte que vous. Nous allons nous mettre à la tête de la Garde-Nationale. Vos balles pourront nous atteindre ; mais vous ne résisterez point à cette Garde-Nationale et à la population entière qui marche avec elle : elle vous écrasera. Nous nous retirons.

Cette réponse fut entendue.

Si je vous dis que j'exécuterai les ordres qui me seront donnés, reprend alors le Général, je ne le ferai point sans réflexion. Je sais réfléchir dans les circonstances graves, quoiqu'on m'ait fait la réputation d'un homme emporté. Je puis l'être quelquefois dans le cabinet, mais jamais lorsqu'il s'agit de choses importantes. Je vous promets que je ne tirerai pas le premier.

Ce sont les paroles que nous avons entendues. Il ajouta qu'il avait toujours agi de manière à se concilier l'estime des Lyonnais; qu'il les avait accueillis chez lui...; mais qu'il avait des devoirs à remplir; qu'il saurait se défendre; qu'il avait à songer à la retraite au besoin; qu'il ne pouvait rien prendre sur lui, et qu'il en conférerait avec le Préfet et le Maire.

Cette conversation, suivie d'observations faites de part et d'autre, eut lieu en présence des officiers supérieurs des régimens et de tout l'état-major.

Les députés de la Commission se rendent à la Préfecture, d'où sortaient plusieurs personnes bien connues par leurs opinions anti-constitutionnelles.

Aussitôt que M. de Brosses entendit prononcer

le mot Garde-Nationale, il dit, en s'agitant : Vous venez me parler de Garde-Nationale! c'est impossible...; c'est illégal ; c'est une insurrection. Qu'est-ce que c'est que cette Garde-Nationale? c'est de la canaille que je vais faire désarmer.... Il continuait, lorsqu'on lui dit : Puisque vous ne voulez pas nous entendre, nous nous retirons. Mais je veux bien vous entendre : voyons, qu'est-ce que c'est? On lui fit observer que, dans l'intérêt de la tranquillité publique, il convenait que la Garde-Nationale fût organisée ; qu'elle seule pouvait maintenir l'ordre ; qu'elle attendait l'autorisation de se constituer légalement.

Vous voulez, dit M. de Brosses, qu'aujourd'hui j'autorise la Garde-Nationale à s'organiser, et dans trois jours vous vous en servirez pour me mettre dehors. Au reste, ajouta-t-il après ces paroles prophétiques, je ne prends rien sur moi ; je convoquerai les habitans notables ; je vais me rendre à la Mairie avec le Général, et là, nous délibérerons.

Au même instant, MM. Menoux et Magneval venaient de porter au Préfet la proposition du Barreau, de former une compagnie spéciale.

La Commission de la Garde-Nationale se rend à l'Hôtel de Ville ; un bataillon du 10.e et un détachement de cavalerie étaient sous les armes ; elle expose à M. De Verna, 1.er adjoint, la nécessité d'organiser la Garde-Nationale pour le maintien de l'ordre qu'elle seule peut prévenir, et pour empêcher les malheurs dont la ville est menacée. Cette proposition fut reçue par un refus positif. En vain lui observa-t-on qu'étant le 1.er administrateur de la cité, il devait veiller à sa sûreté; qu'un premier désordre en entraînerait de plus grands; qu'une goutte de sang répandue pourrait être suivie des plus grands maux; que ce n'était point à Lyon, mais à Paris, que des changemens devaient s'opérer dans le Gouvernement. Il répondit qu'il attendait le Préfet et le Général pour délibérer sur les moyens à prendre.

Le frère de M. de Verna, homme d'un caractère plus doux, témoigna les plus vives inquiétudes à l'un des membres de la Commission : « Nos opinions sont différentes, lui dit-il, mais nous nous estimons; je suis effrayé de la position de mon frère; et s'il doit périr, je viens mourir avec lui. » « Votre frère ne périra pas, lui répondis-je : il a en son pouvoir le maintien de l'ordre; mais qu'il se garde de faire répandre une seule goutte de sang : rien alors n'arrêterait le peuple.

Dans ce moment, le Général et le Préfet arrivent à l'Hôtel de Ville; M. de Verna confère avec eux et tout l'Etat-Major dans une salle particulière.

La Commission attend dans une pièce où étaient deux commissaires de police.

L'un d'eux avait une longue barbe rousse, des petits yeux et des traits auxquels Lavater eût deviné la profession qu'il exerçait : cela va bien , dit-il à son collégue, en souriant sèchement, parlant bas et secouant la tête d'une manière menaçante ; il annonce que deux régimens sont attendus le soir même.

Après un quart d'heure , la Commission fait dire que si l'on ne veut pas l'entendre, elle va se retirer ; on fait répondre que trois commissaires seulement seront admis : nos collégues nous désignent, le docteur Gilibert, M. Bontoux et moi ; nous sommes introduits.

On expose la situation critique de la ville : la population entière agitée et réunie sur les quais et les places publiques, la Garde-Nationale formée spontanément, et se grossissant de toute la jeunesse lyonnaise ; d'autre part, une garnison composée de plusieurs régimens sous les armes. Tout faisait présager les événemens les plus sinistres ; on rappelle les massacres qui ont lieu à Paris.

On demande l'autorisation de constituer la Garde-Nationale , et de lui faire partager avec la garnison le service des différens postes. M. de Brosses la regarde comme illégale ; on lui répond qu'elle n'a été licenciée qu'à Paris ; qu'elle existe encore légalement dans les départemens ; que la vue de la troupe de ligne armée irrite le peuple ; que si une maison était menacée, la troupe de ligne, loin d'arrêter le mal, exaspérerait les esprits et serait écrasée, et que la seule présence de la Garde-Nationale pouvait maintenir l'ordre. Le Général et M. de Verna écoutaient en silence, ainsi que les Officiers supérieurs.

Alors M. Autreux, commandant de la place, dit : « Ce que ces Messieurs demandent, paraît fort juste : on ne peut le refuser.

Ces premières paroles de paix, prononcées par un officier supérieur commandant de la place, parurent obtenir l'assentiment général ; il n'y eut point d'objections : on gardait le silence. Le Général, assis la tête appuyée sur sa main, paraissait absorbé dans de profondes réflexions ; M. De Verna gardait le silence ; les autres officiers écoutaient.

Le Préfet dit alors : « Eh bien ! j'autoriserai la formation non de la Garde-Nationale, mais d'une garde urbaine, pour un jour ; il se reprit, pour quatre jours seulement ; indiquez-moi quelqu'un pour chef. » Choisissez, lui dit-on, parmi les personnes qui peuvent avoir sa confiance. --- Mais, qui ? Désignez-moi quelques personnes. Je nommerai alors l'un de nos amis. Le Préfet fit une grimace, et secouant la tête, puis élevant les mains. « Je ne le connaîs pas ! je ne le connaîs pas ! nous chercherons, nous verrons.

Alors, dit le docteur Gilibert, M. le comte, veuillez faire connaître à la Garde-Nationale, qui attend une réponse, que vous avez autorisé l'organisation de la Garde-Nationale, et que vous consentez à ce qu'elle partage avec la troupe de ligne le poste de l'Hôtel de Ville, ainsi que les autres.

Il chargea de cette mission le commandant de la place, qui l'accepta, et se rendit aussitôt sur le quai de Retz, au milieu de la Garde-Nationale, accompagné des commissaires, au travers de la foule. Il s'acquitta de sa mission, et fut accueilli par les cris de *Vive le Commandant!* « Je suis chargé, leur dit-il, de vous annoncer que le Préfet autorise la formation de la Garde-Nationale, et consent à ce qu'elle partage le service avec la troupe de ligne : ainsi, vous pouvez envoyer cinquante hommes à l'Hôtel de Ville. »

Il eut pendant une demi-heure une conversation avec les chefs de la Garde-Nationale, et s'exprima avec franchise et aménité. On fut satisfait.

On avait lieu de penser que tout était terminé, et que, par cette sage concession, tout allait rentrer dans l'ordre.

Il n'en fut point ainsi : le Préfet et le Maire méditaient d'autres desseins, et leur mauvaise foi préparait une crise sanglante et terrible.

Sur leur parole donnée, 5o hommes de la Garde-Nationale se rendent à l'Hôtel de Ville, sur la place des Terreaux ; ils trouvent la porte fermée.

Au bruit du tambour, le Préfet paraît étonné ; il demande ce que c'est ; on lui répond que c'est un poste de Garde-Nationale qui vient, sur son ordre ;

partager le service avec la troupe de ligne : « Moi !
je n'ai point donné d'ordre ; si je l'ai donné, je le
révoque : ce sont des factieux qu'il faut désarmer. »

Deux membres de la Commission, dont l'un avait
été témoin de la promesse qui avait été faite,
MM. Dupasquier et Faye, demandent à être enten-
dus. M. Dupasquier rappelle l'ordre donné par
M. de Brosses, lui reproche avec énergie son défaut de
loyauté, et le rend responsable de tout le sang qui
va être répandu. M. de Brosses s'obstine à ne pas recevoir la Garde-Nationale.

Le capitaine Prévost, qui commandait le détachement, est appelé et seul introduit ; on ferme
les portes. D'abord, on ne veut point l'écouter, et
l'ordre de désarmer la Garde-Nationale est donné.

Pendant ce temps, la place des Terreaux était
couverte d'une population nombreuse qui manifes-
tait son impatience par des cris, et qui dépavait une
partie de la place ; le détachement de la Garde-Nationale s'irrite de ne point voir revenir son chef.
Toute la Garde-Nationale, stationnée sur le quai, apprend cette perfidie, crie aux armes, et s'apprête à
marcher sur l'Hôtel de Ville.

Un bataillon de troupes de ligne arrive aux Terreaux par la place des Carmes ; il est aussitôt entouré, et tellement pressé par la foule, qu'il est
obligé de s'arrêter. Un autre descend par la Glacière ;
d'autres troupes viennent par le quai du Rhône.

Un coup de fusil part du milieu de la place ; il cause une vive agitation ; il était parti par mégarde; le chef d'un bataillon, entouré de peuple, a la prudence de faire mettre bas les armes.

Au même instant , un escadron de cavalerie débouche sur le quai , à l'entrée de la rue Lafont , devant la Garde-Nationale ; à l'instant , la rue est barricadée par deux voitures de charbon placées en travers ; des clous sont répandus sur le pavé , audevant des pieds des chevaux ; le peuple dépasse le quai ; la Garde-Nationale apprête les armes ; un fusil est mis en joue, et heureusement relevé par un autre garde-national.

On ne passe pas , disent les deux voituriers mon tés sur leurs charrettes ; on ne passe pas , crie-t-on de toutes parts.

L'escadron s'arrête ; le Commandant est séparé de ses soldats par un flot de peuple ; on saisit la bride de son cheval, et on l'oblige à descendre : il demande quelque membre de la Commission.

MM. Gilibert et Faye se présentent ; le Commandant proteste de ses intentions pacifiques , et demande à aller à pied avec eux , à l'Hôtel de Ville ; ils partent , et l'escadron revient sur ses pas.

Le capitaine Prévost, toujours prisonnier à l'Hôtel de Ville , met sur la table son fusil, son épée et sa montre , et dit avec fermeté aux Autorités qui l'entouraient : « Me voilà désarmé, et votre prisonnier ;

comptez les minutes : dans un quart-d'heure mes camarades viendront me délivrer.

M. de Verna remplissant les fonctions de maire, donne au Général l'ordre de désarmer le détachement de Garde-Nationale. Le Général ordonne au Colonel du 10.ᵉ de prendre cent hommes pour opérer ce désarmement : un jeune et présomptueux aide-de-camp du général Rouget veut conduire ces cent hommes. « Vous n'avez rien à commander à mon régiment, dit le Colonel ; c'est moi qui vais marcher à leur tête. Il dit au Maire : Monsieur, vous allez venir avec moi ; vous sommerez ces gens de se retirer ; s'ils se retirent, il n'y a rien à leur dire ; s'ils ne se retirent pas, vous serez avec moi.

M. de Verna refuse : c'est dans ce moment que le Commandant de la cavalerie arrive avec les deux membres de la Commission ; l'heure annoncée par le capitaine Prévost allait sonner ; le peuple poussait des cris de menaces, des pierres lancées brisent les vitres de l'Hôtel de Ville ; les plus terribles événemens allaient commencer.

Le Préfet et l'Adjoint gardaient le silence.

Enfin, le général Paultre de Lamothe ordonne d'ouvrir les portes, et de recevoir la Garde-Nationale.

Les portes sont ouvertes, la Garde-Nationale entre triomphante aux acclamations de tout le peuple ; le capitaine Prévot reparaît à sa tête.

Ainsi finit une journée qui faillit être sanglante. Les postes sont partagés ; la foule est immense : elle cesse d'être offensive, et le calme se rétablit.

Toutefois, l'issue du combat ne pouvait être douteuse. Tout le danger existait pour l'autorité plus qu'imprudente qui l'avait provoqué , et pour les partisans du Gouvernement qui cessait d'exister.

Quelques instans encore, le mal eût été incalculable.

La Commission se réunit, dans la maison Bontoux , aux Officiers de la Garde-Nationale et à un grand nombre de citoyens ; on demande la formation d'une Commission administrative nommée par la Garde-Nationale elle-même , à laquelle sera confiée la direction de toutes ses opérations, et l'Administration provisoire de la Ville.

Je suis désigné pour présider cette assemblée nombreuse, comme Président des comités électoraux. Une multitude de négocians des plus considérés en font partie.

Des discours énergiques sont improvisés sur l'importance des événemens ; diverses propositions sont faites : on arrête à l'unanimité, 1.° qu'une Commission administrative provisoire sera formée de suite ; 2.° qu'elle sera composée de vingt-un membres ; 3.° qu'ils seront nommés par la Garde-Nationale, qui désignera pour cette nomination quatre hommes par compagnie.

Soixante personnes désignées se rendent dans la salle ; les noms des membres de la Commission sont proclamés. Sept personnes désignées n'acceptent point. La Commission ne se compose que de quatorze membres.

C'est à ce mode d'élection que cette Administration a dû toute sa force et son pouvoir immense, qui, depuis, m'a plus d'une fois étonné ; pouvoir supérieur à celui du Général, du Maire et du Préfet réunis.

La Commission reste en permanence ; la foule se retire ; la Garde-Nationale veille : tout est calme dans la cité.

TROISIÈME LETTRE.

DIMANCHE, I.er AOUT.

Le courrier de Paris, du 29, n'est point arrivé. On parle du Conseil des ministres tenu chez M. de Polignac. On dit que le Roi est à St.-Cloud ; qu'il fait marcher des troupes sur la Capitale ; que Paris soutient une lutte sanglante : on pense qu'elle est loin d'être terminée, et qu'on ne peut en prévoir les résultats.

En acceptant la mission qui lui est confiée, la Commission administrative provisoire ne méconnaît pas le danger de sa position. La retraite de quelques-uns de ses membres lui signale encore ce danger ; à Lyon même, de nombreuses difficultés entourent ; les autorités contraires sont en possession des Administrations et de tout le matériel de la force militaire : il faut conquérir les hommes, les armes et l'Administration ; il faut que si Paris succombe, Lyon devienne le refuge de la liberté, et en quelque sorte la capitale d'une nouvelle France. D'autre part, la Commission doit empêcher que le sang ne coule : elle a, au milieu de tant de circonstances défavorables, à veiller au maintien de l'ordre.

Elle n'hésite point ; elle ne consulte que son courage pour éloigner de la patrie les maux dont elle est menacée ; elle répondra au vœu que la Garde-Nationale exprime, d'achever une conquête glorieusement commencée la veille.

Ses premiers soins sont de procurer des armes à une multitude de citoyens qui viennent grossir la Garde-Nationale : elle en demande au Général, qui n'est plus en position de les refuser, la troupe de ligne ayant partout fraternisé avec les Lyonnais.

Elle sait que les armes et la poudre peuvent être aisément transportés en bateaux dans le Midi, où des forces peuvent s'organiser et marcher sur Lyon.

La Commission fait surveiller l'arsenal et la poudrière. Elle établit des postes après, et s'assure que rien ne peut être enlevé.

On la prévient que cinq caisses de fusils, transportées par un voiturier, sont dans une remise d'auberge à la Guillotière, et sur une voiture prête à partir ; elle y envoie un détachement de Garde-

Nationale; les caisses sont saisies, et les fusils distribués avec ordre.

Plusieurs personnes viennent annoncer qu'il y a
des armes dans les caves du Séminaire et des Char-
treux. Des hommes de la Garde-Nationale, dirigés
par un officier, s'y rendent, les visitent, et n'y
trouvent rien.

De semblables rapports sur diverses maisons re-
ligieuses se multiplient. On n'y a plus égard : ils
étaient faits par des personnes qui inspiraient peu
de confiance.

Le général Paultre de Lamothe ayant refusé de
communiquer les dépêches télégraphiques, la Commission fait intercepter le télégraphe par un poste
qu'elle y établit.

Les attroupemens populaires continuent dans les
rues, sur les places et sur les quais; ils ne sont
plus hostiles.

Aux barrières, on refuse de payer les droits
d'entrée; un employé principal (M. Revéroni),
vient en prévenir la Commission. Quelques hommes de la Garde-Nationale y sont envoyés; à leur
arrivée tout rentre dans l'ordre, et les droits se per-
çoivent.

A la prison de Roanne, les prisonniers condamnés se révoltent. Vainement le poste de troupes de
ligne les somme de rentrer; réunis dans la cour, ils
se disposent à escalader les murs. Une patrouille de

Garde-Nationale est invitée, par le chef du poste de la troupe de ligne, à lui prêter main-forte. Les prisonniers, sommés trois fois de rentrer, méconnaissent la voix de l'officier qui commande : les menaces sont inutiles ; pour empêcher l'évasion, il est obligé d'ordonner le feu : trois condamnés sont tués. C'est le seul sang qui ait été répandu ; c'est le seul malheur qu'on ait eu à déplorer.

Plusieurs Membres de la Commission, au nombre desquels sont MM. Gilibert et Chèze, se rendent à la Préfecture. Le docteur Gilibert, adresse à M. de Brosses de vifs reproches sur la mauvaise foi qu'il avait montrée la veille, et sur les maux dont il a failli accabler la ville. On lui dit qu'il eût dû partir, puisqu'il était si loin de porter intérêt à une ville à laquelle il est étranger. La réponse du Préfet est évasive.

Le bruit circule qu'une Cour prévôtale avait été établie à Lyon ; qu'elle s'était réunie à la Préfecture : on cite les noms de ceux qui en faisaient parties, et de deux personnes qui avaient refusé.

Des députations de diverses villes et communes des départemens de l'Ain, de l'Isère et de la Loire, viennent annoncer à la Commission qu'on se dispose à organiser les Gardes-Nationales, et à marcher au secours de Lyon, si cela est utile ; de ce nombre sont les députations de Vienne et de St.-Étienne.

Le télégraphe est rétabli, sur l'observation que le Gouvernement Provisoire en dispose, et que son silence est nuisible à la cause constitutionnelle dans le Midi. Le Directeur annonce qu'il est sans cesse en mouvement sur la ligne de Paris, et qu'il est utile de lui répondre. La communication est rétablie ; on se borne à surveiller les dépêches.

La Garde - Nationale, devenue nombreuse, des patrouilles se multiplient de toutes parts ; jour et nuit la Commission signe des ordres ; ils sont exécutés à l'instant avec une activité constante et un zèle admirable. Aucune mesure n'est prise sans un ordre signé de la Commission, remis aux chefs de la Garde-Nationale. Les personnes qui, plus tard, ont reproché à la Commission de ne pas s'être fait connaître, ne faisaient point partie de cette courageuse Garde-Nationale, dans laquelle circulaient tant de signatures. Si l'on eût échoué, une seule eût suffi ; et plus d'une était déjà entre les mains du général Paultre de Lamothe.

LUNDI, 2 AOUT.

Le Préfet, qui avait reçu de St.-Cloud, disait-on, l'ordre de résister, fit arborer deux drapeaux blancs à la porte de la Préfecture. Aussitôt le peuple se rassemble ; il s'indigne, crie et se met en mouve-

ment pour envahir l'hôtel. M. De Brosses allait
payer son imprudence , lorsqu'un détachement de
Garde-Nationale accourt, arrête le flot populaire ,
fait enlever les drapeaux , et protège l'hôtel où se
cachait l'obstiné serviteur du ministère Polignac.

Le bruit se répand dans la ville que le Général
fait partir ses troupes par diverses portes , et isolé-
ment, pour les réunir à d'autres troupes dans le
Midi, et y organiser une armée, une nouvelle Ven-
dée. C'est la nouvelle du jour, que partout on ré-
pète.

La Commission envoie des détachemens de la
Garde-Nationale à toutes les barrières, avec ordre
de présenter d'abord la baïonnette, puis d'arrêter
les soldats , en les embrassant aux cris de *Vive la
Garnison !* Déjà on avait fraternisé avec les soldats,
et on connaissait leurs dispositions.

Plusieurs officiers furent arrêtés et conduits à la
Commission par la Garde-Nationale , toujours avec
beaucoup d'égards.

Un capitaine des Chasseurs fut conduit ainsi dans
un fiacre, portant divers objets d'équipement ; le
peuple entourait la voiture , applaudissait et criait
bravo! Le capitaine donna sa parole d'honneur qu'il
ne partait point ; qu'il venait du magasin d'habille-
mens , et qu'il allait à la caserne. Aussitôt il fut
libre ; un détachement de Garde-Nationale l'ac-

compagna à quelque distance, afin de protéger sa marche.

Le colonel de la Gendarmerie est aussi arrêté et conduit à la Commission. Il assure qu'il ne part point. « Nous voulons vous garder, parce que nous vous aimons, » lui dit un membre. « Et moi aussi je vous aime, répondit-il : je veux rester avec vous ; » et on l'accompagne. Les gendarmes avaient en effet manisfesté les mêmes dispositions favorables que les militaires de la garnison.

Un officier, arrêté avec un porte-manteau, affirme qu'il n'est point de la garnison ; qu'il va rejoindre son régiment à Vienne. On lui remet son porte-manteau ; il réclame un paquet contenu dans un mouchoir ; on le cherche, il est perdu ; on l'engage à estimer la valeur du paquet ; il la porte à 20 fr., qui lui sont à l'instant remis par un membre de la Commission.

Une voiture chargée est amenée : ce sont des caisses de poignards. Nous les avons vus! s'écrie-t-on. L'une des caisses est déclouée : une hallebarde est le premier objet que l'on saisit et que l'on montre aux regards des spectateurs étonnés. On continue : au lieu d'armes, on ne trouve que des vases antiques et divers objets du moyen âge, envoyés de Toulouse à M. Richard, peintre. La voiture est de suite renvoyée.

Le fils de M. de Brosses se présente à la Commission sous de légers prétextes, plutôt pour satisfaire sa curiosité. Le bruit et l'activité qu'il voit régner, paraissent l'étonner; il entend que l'on demande de nouvlles armes pour la Garde-Nationale.

Une dépêche télégraphique, saisie par un détachement, est annoncée. On veut savoir ce qu'elle contient; elle est décachetée: la dépêche télégraphique est signée Maréchal Gérard, Commissaire au département de la guerre. Il reproche au général Paultre de Lamothe de ne pas avoir répondu à une dépêche expédiée depuis deux jours, et le rend responsable de tout le sang qui sera versé par sa faute.

Accompagné de MM. Dépouilly, Tissot et Billet, je fus chargé de la porter au Général. Il était à la caserne de la Charité, entouré de son état-major. Général, lui dis-je, la Garde-Nationale a intercepté une dépêche télégraphique qui vous était adressée; la Commission en a pris connaissance: je la remets entre vos mains comme un gage de paix.

Il la lit, fait un signe d'étonnement et de soumission, et annonce qu'il délibérera avec son état-major et l'autorité civile; puis, il ajoute : Vous savez qu'il m'a été impossible de répondre, puisque vous avez intercepté le télégraphe. — Cela est vrai. — Je désirerais que vous m'en donnassiez une attestation. L'attestation est donnée aussitôt.

Le colonel du 47.ᵉ régiment entre fort agité, et

dit : Général, le peuple se porte en foule à l'arsenal ; les portes vont être enfoncées, les armes
enlevées, et l'arsenal va être dévalisé ; il n'y a aucun moyen de l'arrêter. Le Général alors se tourne
vers moi, et dit en croisant les bras : Vous le
voyez, vous avez cru votre Garde-Nationale forte ;
elle est débordée par le peuple. — Soyez tranquille,
répondis-je, tout sera bientôt apaisé. — M. Dépouilly dit : Général, je m'en charge. Il sort, prend
un détachement de Garde-Nationale, se présente :
à sa vue, le peuple s'arrête ; et bientôt la foule se
dissipe.

Ce qu'un général de division ne peut faire avec
toute ses troupes, un simple citoyen le fait aisément;
il conserve à l'Etat l'arsenal et toutes les armes
qu'il contient.

Le colonel du 10.e se plaignit qu'on avait enlevé
à ses soldats 5o fusils qui avaient été distribués à
son régiment. — Il en demanda une décharge,
que je lui donnai. Il parut satisfait.

Toujours à la caserne, j'annonçai au Général
qu'un bruit fâcheux circulait et agitait la population. — On dit que vous avez donné à vos troupes
l'ordre de quitter la ville par petits détachemens,
d'une manière isolée. Je vous préviens que vos
troupes ne sortiront pas : toutes les barrières sont
occupées par la Garde-Nationale, aidée de la population.

Je n'ai point donné cet ordre , mais je me dispose à le donner, parce qu'on m'a assuré que vous avez ordonné d'arborer le drapeau tricolore ; vous sentez que, dans ma position, je ne puis rester dans une ville où flotte ce drapeau. — L'ordre d'arborer le drapeau tricolore n'est point donné ; mais s'il arrive de Paris, ce drapeau sera arboré ; promettez-moi, Général, que vos troupes ne partiront pas cette nuit. — Puisque cela est ainsi, je vous donne ma parole d'honneur que les troupes ne partiront pas cette nuit. — Je reçois votre parole : je sais que vous n'êtes pas homme à y manquer. Bientôt l'agitation va cesser.

Plusieurs personnes proposent à la Commission d'arrêter le Général , le Préfet et le Maire ; de chasser les employés de la Mairie, et de prendre possession entière de l'Hôtel de Ville. Elles demandent l'ordre avec instance, et se chargent de l'exécution. Nous répondîmes que la Commission ne pouvait le permettre.

Voulez-vous être responsable de la comptabilité, des registres de l'Etat-civil, de tous les papiers de l'Administration ? Gardez-vous - en bien. Laissez l'Administration rendre ses comptes ; laissez-lui un fardeau qui nous serait inutile. Nous occupons tous les postes : veillons à leur conservation.

Vous voulez faire prisonniers le Général et le Préfet ; qu'en ferez-vous ? Ne prenez pas le souci

de les garder ; laissez-les partir seuls : ils sont étran-
gers. On fut docile à nos avis.

Le soir, la Commission s'installa à l'Hôtel de
Ville, dans un humble appartement qui servait de
corps-de-garde. C'est là qu'elle reçut, de M. de
Verna, une lettre par laquelle il donnait sa démission ; il protestait contre la violence, et appelait la
responsabilité sur la tête des coupables.

Une diligence de Paris arrive portant un drapeau tricolore, qui est à l'instant promené dans
quelques rues par la multitude.

On annonce l'arrivée du général Verdier, amené
de sa retraite, près de Màcon, par M. Mornan,
membre de la Commission. On lui confie le commandement de la Garde-Nationale.

QUATRIÈME LETTRE.

MARDI, 3 AOUT.

Les nouvelles de Paris, attendues avec une si vive impatience, sont arrivées. Le succès a couronné la victoire des Parisiens ; le Duc d'Orléans a été proclamé Lieutenant-Général du Royaume ; il a adopté les couleurs nationales ; il veut que la Charte soit désormais une vérité. Les craintes de la veille se dissipent ; la joie se peint sur les visages ; les militaires prennent la cocarde tricolore.

Mes yeux voient, et j'ai peine à croire. Je suis à m'interroger si le bruit qui frappe mes sens n'est pas une illusion ; si un changement aussi prompt et aussi grand est bien réel. Je venais de passer la nuit avec nos amis Gilibert, Dépouilly, Chèze, Tabareau, Dupasquier, Second et Dardel, ainsi que nous l'avions fait tour-à-tour les nuits précédentes. Après quelques heures de sommeil prises le matin, mon esprit eut quelque peine à céder à une pleine conviction. Quels événemens en trois jours !

A dix heures, le général Verdier, accompagné

des Membres de la Commission, des Officiers de la Garde-Nationale, et de plusieurs Officiers de la ligne, arbore le drapeau tricolore sur le balcon de l'Hôtel de Ville. La Garde-Nationale et une foule immense couvrent la place des Terreaux.

Dans une allocution pleine d'énergie, le Général rappelle que, sous cet étendard, la France a conquis sa liberté, et a atteint le plus haut degré de gloire ; il ajoute que, ralliés par lui, les Français sauront maintenir leur liberté. Les airs retentissent des plus vives acclamations.

Toutes les compagnies ont ensuite défilé au son de la musique du 10.ᵉ de ligne. Une salve de vingt-un coups de canon est faite par une compagnie d'artillerie, composée de militaires et de Gardes--Nationaux.

L'ordre du jour suivant est publié :

Garde-Nationale de Lyon,

Appelé par votre Commission provisoire à l'honneur de vous commander, j'ai accepté avec enthousiasme cette mission patriotique.

Votre but est le mien : il s'agit de maintenir l'ordre public et d'assurer le respect des personnes et des propriétés, et de cette liberté si chère à tous les cœurs français.

Les gages de mon dévoûment et de mon patriotisme résident dans les antécédens de ma vie... Je répondrai à la confiance que votre Commission a placée en moi, et je compte sur votre discipline non moins que sur votre bravoure, pour surmonter tous les obstacles qui pourraient s'opposer à l'établissement pacifique de nos libertés.

Vive la France !

Lyon, le 3 août 1830.

Signé : *le Lieutenant-Général,*

COMTE VERDIER.

La Commission publie la proclamation suivante :

La Commission administrative provisoire de la Garde-Nationale de Lyon, à ses Concitoyens.

Lyonnais !

Après la lutte la plus énergique entre le peuple et le pouvoir absolu, la victoire est restée à la liberté. Vous avez partagé les craintes de la France, vous partagez aujourd'hui sa joie. Attendons avec calme les résultats des délibérations de la chambre, inspirées par la sagesse et la prudence de S. A. R. le Lieutenant-Général du Royaume. Respect aux propriétés, respect aux vaincus, respect à tous. Qu'aucun cri, qu'aucune provocation ne viennent troubler l'harmonie que vous avez si admirablement conservée. Si l'héroïque population parisienne, par un sublime effort, a triomphé d'un pouvoir illégal, vous saurez faire chérir la liberté par votre modération : cette mission ne sera ni moins glorieuse ni moins utile à la patrie.

Une souscription est ouverte en faveur des veuves et des enfans des victimes parisiennes.

Des chants patriotiques se font entendre, mêlés des cris de *vive la Garnison!* proférés par la Garde-Nationale; *vive la Garde-Nationale !* proférés par les militaires; *vive la Liberté !* proférés par tout le monde.

Jusqu'à ce jour, j'avais présidé la Commission; j'exprimai le désir qu'elle le fût par le docteur Gilibert, qui, dans les missions les plus importantes dont il s'était chargé, avait fait admirer son beau talent et une rare énergie de caractère, principalement dans la journée du 31 juillet, où la Commission eut vivement à lutter contre des autorités inflexibles. D'une voix unanime, le docteur Gilibert fut nommé président; je fus élu vice-président, ainsi que le docteur Terme.

Le général Paultre de Lamothe, et M. de Brosses, préfet, donnent leur démission.

La *Gazette,* qui a paru jusqu'à ce jour sans être inquiétée, expire en menaçant le parti libéral des baïonnettes d'Alger. Le *Précurseur* et le *Journal du*

Commerce, qui l'un et l'autre ont rendu de grands services à la cause constitutionnelle, continuent seuls à paraître.

Le capitaine Lafontaine, aide-de-camp du maréchal Gérard, parti de la Suisse au bruit des événemens, se rend à Paris. Il se présente à la Commission, demande un passeport, qui lui est délivré. Bien que les esprits fussent plus tranquilles, la Commission continuait à veiller pendant la nuit au maintien de l'ordre.

On vient nous avertir, à la naissance du jour, qu'un garde-national avait reçu un coup de stylet. Il avait été assailli à onze heures du soir, près de le place du Change, par deux hommes qui s'enfuirent précipitamment dans les rues obscures du Petit-Collége. Il reçut le coup au bras, au moment où il portait la main sur la poignée de son sabre. La Commission, indignée, s'en assura aussitôt; elle sentit toute l'importance des suites que pouvait avoir cette affligeante nouvelle, si elle était répandue dans les rangs d'une Garde-Nationale courroucée : elle obéit à la prudence, qui commandait le secret ; elle multiplia les patrouilles.

La Garde-Nationale, devenue très-nombreuse, s'organise ; le colonel Vernère est nommé chef d'état-major.

Une compagnie d'artillerie est formée par M. Chaley, ancien officier décoré, qui avait des premiers pris les armes , et exécuté avec courage divers ordres donnés par la Commission.

On organise une compagnie de Garde-Nationale à cheval sous les ordres de M. Camille Rey, ancien officier décoré.

On apprend l'abdication du Roi, et sa résolution de quitter la France.

Le général Bachelu arrive le soir , accompagné du docteur Montain aîné, venant de Paris ; il ne trouve personne à la Préfecture ; il se présente à la Commission , et communique sa nomination à la place de Commandant de la division. Il est accueilli avec la joie la plus vive. La Commission n'avait encore reçu aucune communication du Gouvernement ; et la présence du brave Général était à nos yeux la preuve vivante du triomphe de la cause à laquelle nous nous étions dévoués.

JEUDI, 5 AOUT.

Le général Paultre de Lamothe part à minuit ; sur sa demande , il est accompagné hors de la ville par M. Dardel , membre de la Commission provisoire. Arrêté par diverses patrouilles de garde-nationale , on le laisse passer sur l'invitation du membre de la Commission.

Le général Bachelu est installé dans son hôtel

par plusieurs membres de la Commission, qui invitent la Garde-Nationale à le reconnaître.

Il propose au président de le nommer Maire de Lyon : le docteur Gilibert refuse ; le docteur Trolliet refuse également. Le Général décide que le Maire sera nommé par la Commission : elle nomme Maire de Lyon le docteur Prunelle. Il refuse d'abord, puis, cédant aux instances de ses concitoyens, il accepte, et donne ainsi un nouveau témoignage de ce dévoûment qu'il avait montré au passage du général Lafayette.

Le général Bachelu se rend le soir auprès de la Commission, qui manifeste le désir de se démettre des pouvoirs que lui a confiés la Garde-Nationale. Le Général insiste pour qu'elle les conserve, afin de l'aider : vous avez la confiance de la Garde-Nationale, qui vous a élus; vous représentez la ville, qui ne me connaît point. J'ai besoin que vous m'aidiez ; je vous prie, et si j'en avais le droit, je vous ordonnerais de rester. La Commission considère comme un devoir de céder à son désir.

VENDREDI, 6 AOUT.

Le 6, M. Prunelle, Maire de Lyon, est installé à l'Hôtel de Ville par la Commission, en présence du Général. Le docteur Gilibert, président, prononce un discours remarquable par la vigueur du style et la justesse des pensées. M. Prunelle répond par un discours qui n'est pas moins remarquable, et qui a été publié.

M. Paulze d'Jvoy, nommé Préfet du département du Rhône, par le Lieutenant-Général du royaume est attendu dans la soirée.

SAMEDI, 7 AOUT.

M. Paulze d'Jvoy, Préfet du Rhône, arrivé la veille, publie une proclamation, et se rend au sein de la Commission administrative provisoire, accompagné de M. Prunelle. Il expose à la Commission les principes sur lesquels il doit régler la marche de son administration, et publie une seconde proclamation, ainsi conçue :

Habitans de Lyon !

Au moment où votre Commission d'administration provisoire de la Garde-Nationale dépose ses fonctions, c'est un devoir pour moi de rappeler les titres qu'elle a acquis à votre reconnaissance, et de lui en donner des témoignages publics.

C'est par son patriotisme et son courage que vos efforts se sont régularisés, que vous avez pu opposer à l'Administration qui vient de s'écrouler, cette force imposante qui a paralysé ses desseins funestes, et l'a empêchée d'engager une lutte dans laquelle votre courage aurait entraîné sa chute, mais dont des malheurs pouvaient être la suite.

C'est par elle que les liens tutélaires de l'action

publique ont été conservés dans toutes les branches de l'Administration ; que l'ordre et la paix ont régné, et qu'enfin la cause nationale a triomphé dans vos murs sans qu'aucun excès fût à déplorer.

Habitans de Lyon, c'est à moi, qui suis appelé dans ce moment à diriger votre administration , et qui reconnaîs combien les actes de votre Commission rendent faciles les mesures que je dois prendre, qu'il appartient particulièrement de proclamer tout ce que nous devons à cette généreuse Commission , tout ce qu'elle a fait pour l'ordre et la liberté.

Honneur à cette Commission ! Honneur à chacun de ses Membres en particulier !

Le Préfet du Rhône,

J. PAULZE D'JVOY.

Le soir, la Commission administrative provisoire est appelée à la Préfecture ; elle est consultée sur le choix d'un secrétaire-général de Préfecture ; elle désigne M. Alexandre, qui avait rempli les fonctions de secrétaire du Comité central des électeurs, et de secrétaire de la Commission, avec un zèle digne d'éloges, et dans des temps difficiles. Elle est aussi consultée sur le choix des Conseillers de Préfecture, et sur l'organisation des Maires du département.

Le Gouvernement a été heureux dans le choix

du Général et du Préfet qu'il a appelés dans notre ville. L'un et l'autre se sont promptement conciliés tous les suffrages par leur mérite déjà connu, et par la franchise de leur opinion constitutionnelle. M. Paulze d'Jvoy joignait à ces titres celui de gendre du général Lapoype, aimé des Lyonnais. Telles étaient les dispositions et la force de la Garde-Nationale, qu'elle n'eût point accueilli l'un de ces hommes qui, dans d'autres départemens, ont été des erreurs ministérielles.

Les branches principales de l'Administration, organisées selon ses désirs, et en partie par des hommes de son choix, la Commission administrative provisoire annonça qu'elle cessait ses fonctions par la proclamation suivante, adressée à la Garde-Nationale, de laquelle elle tenait ses pouvoirs :

Commission d'Administration provisoire de la Garde-Nationale de Lyon.

« Amis de l'ordre et de la liberté, vous avez opposé aux autorités du roi qui a violé la Charte, l'autorité dont vous avez investi de simples citoyens, auxquels vous avez donné la mission de diriger votre patriotisme, et de maintenir l'ordre public.

« Le temps vous a manqué pour choisir les plus dignes ; nous avons dû accepter. Notre tâche était d'ailleurs facile à remplir ; elle était partagée par vous ; nous étions bien moins vos chefs que l'organe de vos sentimens généreux.

« Quelles qu'aient été la source et l'étendue du mandat qui nous a constitués, il fallait nous affranchir d'un pouvoir placé en dehors de toutes les lois. Il importait d'atteindre ce but, sans avoir à déplorer les désordres sanglans qui, d'ordinaire, accompagnent les révolutions et perpétuent les dissensions civiles.

« Grâce à l'enthousiasme des citoyens, à leur courage, à leur prudence, à la neutralité sympathique de votre brave garnison, qui a su concilier les devoirs de la discipline militaire avec les sentimens d'un pur patriotisme, votre affranchissement a eu lieu sans effusion de sang, sans violation des propriétés, sans outrage aux personnes, sans violation d'aucune sorte.

« Tant qu'une autorité régulière n'a point été établie, nous avons dû remplir des fonctions désertées, protéger les vaincus, et, en défendant les caisses et les archives publiques, laisser aux anciens mandataires du pouvoir leur responsabilité tout entière.

Maintenant tout est changé ; l'ordre légal renaît ; notre mission est finie.

« Mais votre mission à vous, braves citoyens, se continue : elle se perpétuera à jamais. Aujourd'hui, et toujours, vous resterez unis, et vous garderez ces armes qui vous ont servi à conquérir la liberté, et qui désormais vous serviront à la conserver. Ainsi, nous avons tous acquitté la dette que chacun de nous a contractée en naissant Français, et qu'il doit payer à la patrie.

» Lyon, le 7 août 1830.

« *Les Membres de la Commission,*

« Signé : Gilibert, *Président;* Trolliet, *Vice-Président;* Terme, *Vice-Président;* Billiet aîné, Tissot, Dupasquier, Faye, Chèze, Chabareau, Ch. Dépouilly, L. Second, Mornant, Dardel, Gentelet, et Alexandre, *Secrétaire.*

Les Membres qui ont fait partie de la Commission provisoire, pensent que le pouvoir qu'elle tenait de de la Garde-Nationale et qu'elle a déployé pour le maintien de l'ordre, a inspiré de la défiance au Ministère qui vient d'être remplacé. Elle n'a reçu aucune réponse directe aux dépêches qu'elle expédiait chaque jour à M. Guizot, ministre de l'Intérieur. Des demandes, en très-petit nombre, faites en faveur d'hommes qui venaient de rendre à notre ville des services inappréciables, appuyées par l'Administration, ont été repoussées.

Toutefois, nous avons lieu de croire que ce Ministère l'a entendue, lorsqu'après un mois elle exprima son étonnement de ce que M. Prunelle n'était encore que Maire provisoire, et de ce que l'Administration de la seconde ville de France paraissait oubliée.

La nomination récente du général Dessaix, élu par la Garde-Nationale, semble indiquer que le Ministère actuel s'éloigne, plus que celui qui l'a précédé, des habitudes du pouvoir absolu. C'est en écoutant les vœux de la population, qu'un Ministère devient fort. Qu'il veuille, comme par le passé, accumuler sur ses bras les reproches de céder aux priviléges ou à une aveugle faveur; il s'expose à créer une opposition assez puissante pour le renverser. Telle est la force irrésistible de l'opinion basée sur des sentimens de besoin et de justice.

Confions-nous aux promesses du Roi et à la sagesse de ses ministres, et sachons attendre. Les semaines ne sont pas toutes aussi promptement heureuses.

Dirigeons nos regards vers cet avenir où les bureaux ministériels ne seront plus un foyer d'intrigues et un sujet de blâme; où les intérêts locaux seront consultés; où les fonctionnaires, n'obéissant qu'à leur conscience et aux lois, cesseront de trembler au bruit d'un changement de ministres; où le régime des ordonnances cessera d'exister dans l'intérêt des partis; et où les communes, émancipées, applaudiront à l'abolition d'une funeste centralisation. Alors seulement le Ministère sera stable, parce qu'il sera à l'abri de tout reproche; alors la France cessera d'être agitée par les mouvemens ministériels.

Revenons à l'histoire de notre révolution.

La puissance dont nous avons été revêtus pendant une semaine a été telle, que nous avons vu tomber autour de nous un Général à la tête de sa division ; un Préfet malgré sa résistance, et le Maire de la seconde ville de France, malgré l'énergie de son caractère.

Tout le secret de notre puissance est dans le système d'élection : dans la Garde-Nationale réside la force ; nous avons eu sa confiance, parce que nous étions ses élus. Elle aurait résisté, dès le premier jour, à des chefs qui lui auraient été imposés.

L'ordre a régné autant qu'il est possible de l'espérer dans une révolution : personne n'a été arrêté, ou même insulté ; aucun cri menaçant n'a été proféré ; pas une goutte de sang n'a été répandue. Tous les monumens ont été respectés ; aucun désordre ne s'est glissé dans les établissemens utiles ; les armes, la poudre même, ont été conservés à l'Etat. Nous avons voulu la liberté pour tous, pour nos adversaires comme pour nous ; nous avons voulu faire aimer le nouvel ordre de choses.

Cet ordre, dont quelques personnes ont paru étonnées, tient encore au système d'élection qui a établi l'harmonie entre la Commission, la Garde-Nationale et le peuple ; les ordres transmis à la Garde-Nationale ont été exécutés avec autant de précision que de zèle.

Ce peuple si fort, et si docile à la Garde-Nationale, n'est à craindre que pour les personnes qui
ne l'aiment pas, et qui lui montrent de la défiance ;
il n'inspire aucune crainte aux personnes qui l'aiment, et qui savent lui inspirer de la confiance. On
pourrait répondre à ces hommes timidés qui ne l'ont
pas vu en face et qui le calomnient quelquefois, ce
qu'Henri IV répondit à un ambassadeur d'Espagne,
qui le blâmait d'être aussi familier au milieu de ses
officiers. « Monsieur l'ambassadeur, je ne crains
pas mes officiers, parce que je les aime. »

Le peuple est comme un instrument qui blesse.
Ce n'est pas l'instrument qu'il faut blâmer : c'est la
main maladroite ou coupable.

Combien croyez-vous que notre Administration
ait couté à la ville ou à l'Etat ? pas une obole. Ainsi
nous, écoliers en administration, nous avons résolu
un grand problême, dont la solution a échappé à
M. le baron Louis, au ministère des Finances : c'est
celui d'un Gouvernement à bon marché.

Dans le récit que je vous ai fait de notre courte
et cependant complète révolution, il est bien des
traits que je n'ai pu rapporter, et qui auraient mé-
rités d'être connus.

Je regrette surtout de n'avoir pu citer les noms
d'un grand nombre de personnes qui ont montré

tant de courage, tant de zèle et tant de sagesse aux jours de danger.

Bien des militaires auraient mérité d'être cités ; ainsi, j'ignore le nom de ce capitaine qui a dit à sa compagnie : Grenadiers, je vous défends de tirer sur des Français ; vous ne devez vous battre que contre les ennemis de la patrie.

J'ignore le nom de ce brave sapeur, chéri de tous ses camarades, qui répondit au moment où l'on distribuait des cartouches : « Mon capitaine, mon fourniment est assez pesant, je ne prendrai de cartouches qu'aux frontières. »

Je termine l'esquisse historique et fidèle d'une semaine de 1830, pendant laquelle la France a fait un pas de géant vers la liberté ; elle est tracée de mémoire, et trop rapidement sans doute, pressé que j'étais par l'heureuse circonstance sans laquelle je n'aurais probablement pas pris la plume ; par l'arrivée d'un Prince aimé du peuple, du Duc d'Orléans, qui vient d'entrer dans notre cité aux acclamations d'une foule immense, se pressant pour contempler les traits gracieux du fils aîné d'un roi-citoyen.